Mein Abc-Lesestart

Liebe Eltern,

jedes Kind ist anders. Eines kennt bereits alle Buchstaben in der Vorschule und kann sie zu Wörtern formen. Ein anderes lernt das Abc beim Eintritt in die Schule. Für das spätere Leseverhalten ist das völlig unerheblich. Wichtig aber ist der Spaß am Lesen – und zwar von Anfang an. Darum orientiert sich unsere konzeptionelle Entwicklung von Lesetexten an den unterschiedlichen Lernentwicklungen der Kinder.
Unser Bücherbär-Erstleseprogramm umfasst deshalb verschiedene Reihen für die Vorschule und die ersten beiden Schulklassen. Sie bauen aufeinander auf und holen die Kinder dort ab, wo sie sind.

Die Bücherbär-Reihe **Mein Abc-Lesestart** richtet sich an Leseanfänger nach dem Abschluss des Buchstabenlernens. Die besonders übersichtlichen Leseeinheiten und kurzen Zeilen sind ideal zum Lesenlernen, zudem erleichtern Bildergeschichten das Textverständnis. Lustige Buchstaben- und Leserätsel regen zum Nachdenken und zum Gespräch über die Geschichten an. Denn Kinder, die viel Gelegenheit zum Sprechen haben, lernen auch schneller lesen.

In Zusammenarbeit mit **westermann**

Christina Koenig
Drei Freunde und ein Baumhaus

Dieses Buch gehört:

_____

Christina Koenig
Christina Koenig wurde 1958 geboren. Nach Ausbildung und Studium arbeitete sie in unterschiedlichen Berufen im In- und Ausland. Heute lebt sie in Meißen, schreibt Bücher für Kinder und gestaltet Gefäße und Engel in ihrem Keramik-Atelier.

Maja Wagner
liebte schon als Kind Bücher. Nach Ausbildungen in den Bereichen Restauration und Architektur besann sie sich auf ihre Wurzeln und studierte in Münster Design mit dem Schwerpunkt Illustration. Nun lebt sie ihre Berufung aus, illustriert Bücher und verfasst eigene Texte.

2. Auflage 2017
@ Arena Verlag GmbH, Würzburg 2016
Alle Rechte vorbehalten
Einband und Illustrationen: Maja Wagner
Gesamtherstellung: Westermann Druck Zwickau GmbH
ISBN 978-3-401-70997-0
www.arena-verlag.de

Christina Koenig

Drei Freunde und ein Baumhaus

Mit Buchstaben- und Leserätseln

Bilder von Maja Wagner

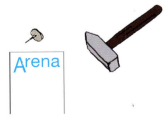

In dieser Geschichte spielen mit:

Schwierige Wörter im Text:

* Sprich jeden Buchstaben einzeln aus: S O S.

Da klingelt es an der Haustür. Draußen stehen Jawid und Mia.

Jawid reicht Paul
ein winziges Geschenk.
„Das ist von Mia und mir",
sagt er und schmunzelt.

Das Geschenk
ist schwer wie Eisen.

Es sind hundert Nägel.
Soll das ein Witz sein?

Paul überlegt nicht lange.
„Ich möchte ein Baumhaus.
Ein Baumhaus
mit einer Leiter", sagt er.

Am Nachmittag geht es los.
Das Dach des Schuppens
ist ein guter Platz
zum Bauen.

Paul kramt alte Bretter aus dem Schuppen.

Mia findet eine Säge.

Jawid nimmt den Hammer.

Paul und Mia sägen.

Jawid nagelt
die Bretter zusammen,
bis die Muskeln qualmen.

Das Dach
decken sie gemeinsam
mit einer Plane.
Nun ist alles fertig.

Schon peitscht der Regen.
„SOS! Wir haben Seenot!",
brüllt Jawid.
„Alle rein ins Baumhaus!"

Mia zieht den Kopf ein.
„Klingt echt gruselig",
findet Jawid.
Paul linst nach draußen.

Der Regen hört auf.
Da entdeckt Paul
die Katze von nebenan.
Sie hockt oben im Baum.

„Nelli, komm runter",
locken die Kinder
die Katze.
Nelli traut sich nicht.

Auch Nachbarin Moni schaut besorgt.
Nelli ist doch noch klein.

Nicht einmal Milch kann Nelli locken.

„Ich klettere jetzt hoch und hole Nelli", beschließt Mia mutig.

„Lieber nicht",
sagt Jawid.
„Das ist gefährlich."

„Ich weiß was!",
ruft Jawid.
„Wir retten Nelli
mit der Leiter!"

Die Kinder schieben
die Leiter
nah an Nelli heran.
Aber Nelli duckt sich.

Dann wird Nelli neugierig.

Sie schnuppert.

Vorsichtig tapst sie
über das Holz.

Noch ein Sprung,
dann ist Nelli
in Sicherheit.
Yippie!

„Und jetzt retten wir
unser Dach",
beschließt Paul.
„Die Plane ist gerissen."

„Hallo Kinder",
ruft Nachbarin Moni.
„Schaut mal,
was ich hier habe."

Zusammen mit Moni bauen die Kinder ein regenfestes Dach.

Dann gibt es Kuchen.
Plötzlich donnert es.
Regen prasselt wie wild.
Mia schaut nach draußen.

Wo ist Paul?

Unten auf dem Rasen
steht Paul,
der Donnergott.

„Alles dicht da oben?",
ruft Paul und grinst.
„Was bauen wir denn
als Nächstes?"

Buchstaben- und Leserätsel

Was reimt sich?

Das ist Pauls größter Traum:

ein Haus ganz oben

hoch im _____ .

Wer schleicht da auf leiser Tatze?

Das ist sicher Nachbars _____ .

Es sieht die Welt ganz anders aus,

hat man hoch im Baum ein _____ .

Silbenrätsel

Den gibt's zur Belohnung: _____

ku　　Scho　　chen　　ko

Schau genau!

Die Anfangsbuchstaben helfen dir.

Wo treffen sich die drei Freunde gerne?

im __ __ __ __ __ __

Die Lösungen findest du
auf der übernächsten Seite.

Und du?

Die drei Freunde bauen
ein tolles Baumhaus.
Was würdest du
mit deinen Freunden bauen?

Lösungen

So heißt es richtig:
Das ist Pauls größter Traum:
ein Haus ganz oben
hoch im **Baum.**

Wer schleicht da auf leiser Tatze?
Das ist sicher Nachbars **Katze.**

Es sieht die Welt ganz anders aus,
hat man hoch im Baum ein **Haus.**

Zur Belohnung gibt's **Scho-ko-ku-chen.**

Die drei Freunde treffen sich gerne im **Garten.**

G   A   R   T   E   N

1. KLASSE

Mein Abc-Lesestart

Millis erster Schultag
978-3-401-70891-1

Pirat Krabbe auf Abenteuerfahrt
978-3-401-70850-8

Die kleine Blumenelfe und der Zauberstein
978-3-401-70901-7

Das kleine Muffelmonster – Viel Wirbel im Klassenzimmer
978-3-401-70353-9

Jeder Band: Ab 5/6 Jahren • **Mein Abc-Lesestart** • Durchgehend farbig illustriert
48 Seiten • Gebunden • Format 17,5 x 24,6 cm

Mit Bücherbärfigur am Lesebändchen und Bildergeschichten

Zeilentrennung nach Sinneinheiten

Bildergeschichten erleichtern das Leseverständnis

Große Fibelschrift

Viele farbige Bilder

Innenseite aus »Millis erster Schultag«

Die Reihe »Mein Abc-Lesestart« richtet sich an Leseanfänger nach dem Abschluss des Buchstabenlernens. Mithilfe von Bildergeschichten und kurzen Leseeinheiten ist das Erlesen einer ersten durchgehenden Geschichte kinderleicht.

In Zusammenarbeit mit **westermann**

1. KLASSE

Allererstes Lesen

  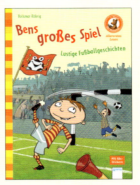 

Das Känguru trägt keine Schuh
Tierische Abc-Geschichten in Reimen
978-3-401-70792-1

Millas magischer Schultag
Lustige Schulgeschichten
978-3-401-70602-3

Bens großes Spiel
Lustige Fußballgeschichten
978-3-401-70854-6

Erdbeerinchen Erdbeerfee
Lustige Zaubergeschichten
978-3-401-70685-6

Jeder Band: Ab 5/6 Jahren • **Allererstes Lesen** • Durchgehend farbig illustriert
48 Seiten • Gebunden • Format 17,5 x 24,6 cm

Mit Bücherbärfigur im Lesebändchen und Leserätseln

Einfache Geschichten mit kurzen Zeilen

Große Fibelschrift und Zeilentrennung nach Sinneinheiten

Mit Bilder- und Leserätseln

Viele farbige Bilder

Innenseite aus »Zack und seine Freunde«
ISBN 978-3-401-70073-1

Die Reihe »Allererstes Lesen« ist auf die Fähigkeiten von Leseanfängern abgestimmt: Übersichtliche Leseeinheiten und kurze Zeilen sind ideal zum Lesenlernen. Die ausdrucksstarken Bilder unterstützen zudem das Textverständnis.

In Zusammenarbeit mit **westermann**